IL MONDO AL CONTRARIO

L’essere umano sottomesso alla divinità dei mercati

KARIM BASYOUNI

IL MONDO AL CONTRARIO

di BASYOUNI KARIM

Prima edizione italiana: gennaio 2023

linkedin.com/in/karimbasyuoni

email: bkarim.1979@gmail.com

Basyouni Karim nasce in Veneto da madre italiana e padre egiziano. Si trasferisce con la famiglia fin da subito a Milano dove cresce, studia e consegue la laurea in Economia delle istituzioni e dei mercati finanziari presso l'università Cattolica. Dopo aver lavorato in banca per un paio d'anni nel settore finanziamenti con eccellenti risultati, decide di fare un MBA in Marketing & finance presso la European school of economics / University of Buckingham. Si dedica successivamente al mondo delle start up, investimenti e consulenze. Dopo due anni di esperienza in Silicon Valley, al rientro in Italia viene immediatamente invitato come guest lecturer presso l'università statale e il Politecnico di Milano, per le skills acquisite in California. Prosegue la sua carriera accademica ottenendo una cattedra presso la European school of economics dove ha insegnato marketing, management e imprenditoria. Ha sempre nutrito interesse per le politiche monetarie che ritiene la vera causa dei problemi e delle disuguaglianze del mondo. È un convinto patriota, sostenitore dell'interesse nazionale e dell'Italia.

INDICE

Prefazione – L'odierna proiezione del mondo

Capitolo 1 – Padroni e Schiavi

Capitolo 2 – Il controllo mediatico

Capitolo 3 – L'origine del sistema antiuomo

Capitolo 4 – La moneta e il pensiero neoliberista

Capitolo 5 – Soluzioni secondo il modello attuale

Capitolo 6 – La vera economia umanistica

Capitolo 7 – Futuro totalitarista senza libertà

Prefazione – L’odierna proiezione del mondo

L’economia, la finanza, i mercati non hanno nulla a che fare con la realtà, eppure le loro regole decidono ed influenzano – in negativo - il destino dell’umanità e la vita di miliardi di persone.

Questo non vuole essere un libro politically correct, non è indirizzato al lettore medio che fatica a collegare due sinapsi e, quando lo fa, nel suo massimo sforzo, riesce a crearsi una propria opinione solo sulla base del pensiero unico e del conformismo a cui stanno ormai educando la popolazione da anni.

L’educazione arcobaleno/conformista:

Diventa senza identità e sii confuso! Non vorrai mica essere un banale etero/omofobo, quasi sicuramente fascista, attratto dalle donne, oppure una donna attratta da un uomo!

Diventa un lavoratore sottopagato ma gioisci alla sola idea di poter lavorare anche gratis o in stage! Non importa quante lauree tu abbia!

Sapete che oggi molti neolaureati, indipendentemente dal proprio campo di studi, finiscono per andare a lavorare all'Amsa pur di avere un contratto e uno stipendio?

Diventa un essere pensante solo attraverso il pensiero unico diffuso dalla TV! Non osare mai porti delle domande, utilizzare il tuo cervello per non essere identificato (brutta parola oggi) come un vile complottista. C'è solo una verità, quella raccontata dai media! D'altronde viviamo nell'epoca del libero pensiero ma nessuno sembra più essere in grado di pensare.

Diventa un sostenitore del clima, segui i mondiali in Qatar che inquina con i suoi stadi climatizzati nel deserto più di tutte le auto vietate nei centri città.

Diventa un sostenitore della comunità senza chiederti perché devi pagare tasse su auto, case e, in generale, su tutto ciò che possiedi dopo esserti comprato le stesse con soldi guadagnati e già tassati mentre le multinazionali che fatturano miliardi, con sedi in Belgio/Olanda, non pagano un euro in Italia.

Diventa tifoso, segui il calcio, tifa per una nazionale nonostante tu non possa identificarti troppo col tuo paese e magari essere desideroso di difenderne la costituzione, perché in realtà sei un europeista. Però tifa la nazionale!

Diventa un asociale ma sii social, abbi migliaia di amici virtuali, utilizza il Metaverso o il visore Apple che verrà lanciato nel 2023 e dimenticati di quell'inutile mondo là fuori! É così banale e piccolo di fronte all'immensità del web.

Diventa tutto ciò che ti diciamo e sarai un essere civile, responsabile, totalmente sicuro nonostante l'insicurezza mentale, sessuale e la vita precaria che ti abbiamo causato! Non esiste possibilità di un'esistenza migliore di quella da noi offerta e pianificata per te!

Dopo i NOSTRI insegnamenti mi raccomando bandiere arcobaleno, possibilmente alternate a quelle ucraine, Putin è cattivo e l'Europa dei corrotti criminali appartiene ai buoni!

DIVENTA TUTTO CIÒ CHE TI DICIAMO MA NON DIVENTARE MAI TE STESSO!!

Ma chi sarebbero questi individui che sopravvivono per inerzia e senza la capacità del minimo pensiero critico o spunto di riflessione?

Sono i perbenisti, gli "esperti" che usano gli influencer della propaganda globalista per creare una propria opinione, i difensori dell'arcobaleno che non si rendono conto di trovarsi in un mondo in piena tempesta e, dal quale, non si può intravedere alcun arcobaleno.

Siamo qui per provare a riflettere insieme sui problemi e per proporre delle soluzioni reali, come un'economia alternativa che sia veramente a favore e non contro l'uomo. Se vi rispecchiate e vi sentite fieri paladini della realtà descritta dai Media mainstream e dei sistemi che studiamo, oppure, se siete accaniti sostenitori degli asterischi questo non è il libro per voi!

Qui si scrive e si parla in italiano perché difendiamo la nostra cultura e le nostre origini per puro patriottismo. Sia ben chiaro che ognuno è libero di fare ciò che desidera nella propria vita privata e di avere l'orientamento sessuale che preferisce. Qui viene difesa la libertà di tutti!

Capitolo 1 – Padroni e Schiavi

Fin dall'alba dei tempi i re prima, gli imperi ed i governi totalitaristi poi, hanno cercato di dominare il mondo e i popoli.

Tutti hanno fallito perché hanno provato ad imporre le proprie idee con la forza.

La disgregazione degli imperi più potenti della storia o di regimi sanguinari ha portato gli "aspiranti dominatori del globo" ad evolversi, utilizzando l'ingegneria sociale per imporre il proprio potere, il proprio credo e la loro infinita voglia di possedere il pianeta.

Hanno sempre diviso la popolazione creando fazioni, partiti, ideali opposti, perché è ben chiaro a chi comanda che una popolazione unita sarebbe forte e sicuramente non governabile con l'inganno.

Tutto questo però non era sufficiente ma semplicemente uno degli step fondamentali al raggiungimento del proprio fine.

Come prima cosa hanno capito che per dominare l'umanità avrebbero dovuto controllare la moneta.

Henry Ford diceva che qualora il popolo comprendesse come funziona l'emissione del denaro, scoppierebbe una rivoluzione l'indomani.

Coloro che controllano l'emissione della moneta possono creare crisi, inflazione, guerre, controllare governi e fare qualsiasi altra cosa vogliano.

"Datemi il controllo della moneta di una nazione – disse Mayer Amschel Rothschild -, un famoso banchiere del XVIII secolo - e non mi importerà di chi farà le sue leggi". Egli è considerato il padre fondatore della finanza moderna, nonché dell'impero bancario della famiglia Rothschild, oltre ad essere uno dei venti uomini d'affari più influenti di tutti i tempi.

Le banche centrali, quelle che “immettono i soldi nel sistema” stampando moneta “da prestare”, come la Fed negli USA o la BCE in Europa, sono oggi istituzioni private controllate da famiglie di banchieri come i Rockfeller o i Rothschild.

In pratica un piccolo gruppo di “uomini d’affari” decide le sorti dell’economia mondiale, tenendola in scacco attraverso il debito che generano ogni qual volta emettano denaro dal nulla e che quindi non possiedono!

Con l’avvento dell’euro i nostri politici corrotti hanno ceduto la sovranità monetaria ad una banca centrale privata, riducendoci di fatto a status di paese del terzo mondo, costretto a chiedere denaro in prestito, sottoforma di una moneta straniera, ogni qualvolta ve ne sia necessità.

La proprietà delle banche centrali ha generato loro un'infinita ricchezza e soprattutto la possibilità di comprarsi i mass - media, attraverso i quali, negli ultimi due anni, hanno radicalmente trasformato il mondo portando le persone a rinunciare volutamente alla propria libertà ed ai propri diritti, in cambio di una non ben definita "sicurezza".

Ricordate che chi rinuncia ai propri diritti in cambio della sicurezza non è degno di entrambe!

Hanno rivoluzionato l'idea stessa del diritto: i diritti non vengono concessi ma sono un qualcosa che nessuno può toglierci. Invece ce li hanno prima tolti e poi concessi sotto forma di pass.

Ma come ci sono Riusciti?

Noam Chomsky ci ha fornito uno schema molto utile a capire le 10 strategie per manipolare le masse che stanno alla base dell'ingegneria sociale:

1) Strategia della Distrazione: per manipolare le masse è fondamentale distrarle. Funziona così, bisogna deviare l'attenzione del pubblico dagli accadimenti importanti verso informazioni assolutamente insignificanti, come ad esempio cosa succede nella casa del grande fratello, il calcio o le ultime notizie su Belen. Sono tutte cose senza una reale importanza e, mentre si è distratti e bombardati da una continua informazione futile, non ci si accorge delle cose veramente importanti che accadono.

Questa tecnica viene anche applicata spostando l'attenzione su notizie considerate "importanti" e che potrebbero rendere soddisfatta la popolazione nel mentre si lavora a qualcosa che si vuole nascondere. Un esempio concreto è quanto appena accaduto con l'arresto del boss Matteo Messina Denaro mentre in parlamento si tornava a parlare della ratifica del MES, il meccanismo di stabilità europeo, il solito "strumento" fornitoci dalla beneamata UE, spacciato come fondo salvastati ma che sarebbe più appropriato chiamare fondo ammazza-stati.

Hanno concentrato tutta l'attenzione mediatica sull'arresto e non su un fatto che potrebbe sancire la mazzata definitiva per il nostro paese.

Quando in piena pandemia il governo Conte si oppose alla ratifica, due mesi dopo Mario Draghi stava prestando giuramento e dando vita all'ennesimo "governo tecnico". Durante il suo mandato, anche grazie alla durissima opposizione dell'attuale esecutivo, attese di capire come si sarebbe comportata la Germania, dato che aveva rimandato la valutazione alla Corte costituzionale tedesca per possibile incostituzionalità. La sentenza non ha rilevato alcuna incongruenza ed ora l'Italia rimane il solo stato a dover procedere per dare il via libera alla ratifica che, chiaramente, deve passare dal parlamento.

Il nuovo governo ha la possibilità di rifiutarsi, mettendosi di fatto contro l'Eurogruppo (possibilità altamente improbabile anzi impossibile) oppure di "adeguarsi" agli altri stati votando favorevolmente. Questo significherebbe rimangiarsi la parola data (ancora una volta) e la perdita di consensi.

Nel frattempo, meglio ostentare al popolino la forza e la determinazione di questo “nuovo” governo che infligge un duro colpo alla mafia.

Guarda caso il tutto accadeva a pochi giorni di distanza dall’incontro tra la presidente del parlamento Europeo e la presidente del Consiglio dei ministri. La nostra Leader avrà chiesto all'Europa di far passare un po' di tempo per far passare in secondo piano l'argomento.

Nel momento in cui si obbedirà, come sempre, al volere dell’Europa, verrà specificato come la ratifica e l’attuazione siano due cose totalmente diverse e che questa servirà solo per permettere agli altri stati di utilizzare il M.E.S. mentre l'Italia non vi ricorrerà mai, nonostante il fatto che, da quel momento in poi, potrà essere richiesto in qualsiasi momento e magari da un governo successivo, ma non dall’attuale. Naturalmente, dovremo poi versare la nostra quota di svariati miliardi che verranno prestati ai paesi che vorranno ricorrere a questo strumento, anziché usare i nostri soldi per risollevare l’Italia.

Nel mezzo delle celebrazioni per l'incarcerazione il Ministro dell'economia e delle finanze italiane Giorgetti "rassicurava" Bruxelles, anziché il popolo italiano che dovrebbe rappresentare curandone gli interessi, dichiarando come l'esecutivo sia già al lavoro su un D.D.L. (decreto di legge) per arrivare alla ratifica entro un mese.

Ovviamente grazie al bombardamento mediatico rivolto alla cattura e, al silenzio sull'argomento, il popolo rimarrà inconsapevole di ciò che accade realmente.

Questa strategia viene usata continuamente al fine di manipolare le masse e distrarle, affinché gli ignari cittadini restino obbedienti e non insorgano.

2) Problema – Reazione - Soluzione: si crea un problema, si vende la reazione attraverso la televisione e si spinge il popolo a chiedere la soluzione che loro avevano già previsto. **È la strategia per manipolare le masse preferita dai banchieri internazionali**. Ad esempio, se gli Usa dicessero di voler aumentare le proprie vendite di gas e di fornire lo stesso prodotto che la Russia ci vende a 2$ ma loro, nostri alleati, ce lo vendono ad 80$, allora nessuno accetterebbe.

Se invece si crea un cattivone alla Putin, un popolo martirizzato e si crea una guerra, allora tutti saranno disposti ai sacrifici richiesti oltre ad essere contenti e convinti che sia giusto pagare di più. Praticamente saranno felici di diventare sempre più poveri!

Raggiungono i loro obiettivi facendo credere alla popolazione di essere libera, inducendola a fare volutamente ciò che avevano pianificato.

Il periodo di crisi attuale è una mera applicazione di questa tecnica, un tentativo di manipolazione di massa per spingerla ad accettare condizioni altrimenti inaccettabili.

Prendiamo ad esempio anche lo "scandalo corruzione" per i mondiali in Qatar e delle buste piene di soldi trovate in casa del Vicepresidente dell'Eurocamera.

In un momento in cui si sta cercando in ogni modo di eliminare il contante con la scusa del "nero", un caso come questo, creato ad hoc, spingerà l'ignara popolazione ad essere propensa all'eliminazione del denaro contante in circolazione, favorendo lo scopo finale dei banchieri, ovvero un controllo totale ed incondizionato di ogni singolo individuo. Questa condizione potrebbe portare al blocco dei conti correnti dei "dissidenti "oppure di spegnerli con un click. Sarebbe la fine di ogni libertà.

3) La Strategia della Gradualità: per far accettare una misura inaccettabile, basta applicarla gradualmente, col contagocce, per un po' di anni consecutivi. Prendiamo come esempio tutte le porcate sui diritti dei lavoratori che hanno fatto negli ultimi anni cancellando due secoli di lotte sociali. Ci hanno spacciato la competitività per precarietà!

In una nazione normale sarebbe esplosa la rivoluzione ma, se ci arrivi gradualmente, mentre distrai la popolazione su cosa fa Maria de Filippi o sui problemi delle minoranze allora è diverso.

Il costante bombardamento mediatico sulla "libertà sessuale" fa parte di un piano di riduzione della popolazione mondiale.

Perché condividere il mondo con il resto dell'umanità quando l'1% della popolazione detiene il 99% della ricchezza mondiale e non necessità più di schiavi, visto che oggi nelle fabbriche la tecnologia può sostituire un operaio oppure un robot un cameriere?

L'educare i bambini nelle scuole fin da piccoli a sentirsi "liberi di essere ciò che si vuole" che, tradotto, significa non avere identità spingendoli all'omosessualità, ha come risultato il non potere riprodursi. Gradualmente, con pazienza e costanza, raggiungeranno i loro scopi!

Pensate anche a come hanno applicato le restrizioni durante la pandemia.

La finestra di Overton ci spiega esattamente questo processo:

Più Libertà

Meno Libertà

Impensabile

Radicale

Accettabile

Ragionevole

Popolare

REGOLA

Popolare

Ragionevole

Accettabile

Radicale

Impensabile

Hanno trasformato un qualcosa ritenuto inconcepibile in normalità accettata da tutti, portando le persone ad avere meno libertà, convincendole del fatto che fosse giusto così. Dopo essersi inoculate un siero genico sperimentale sfoggiavano fieramente il loro green pass che li faceva sentire come i paladini del mondo, senza realizzare di aver firmato una liberatoria che sanciva la fine dell'inviolabilità del proprio corpo con piena soddisfazione dell'establishment.

A colpi di D.P.C.M. che, personalmente ritengo un perfetto acronimo di bestemmia, di lockdown (termine che in inglese significa carcere duro), hanno sterminato migliaia di piccole / medie imprese, cuore pulsante dell'economia italiana.

Mentre queste erano chiuse però i colossi del web lavoravano h24, senza nemmeno pagare le tasse in Italia, mentre noi comuni (poveri) mortali siamo soggetti alla tassazione più alta d'Europa. Hanno dato qualche bonus ed incentivo anziché ridurre le tasse e, in fine, hanno pure aumentato i costi delle bollette!

Controllare e manipolare le masse è l'unico modo che hanno per poter fare ciò che vogliono.

4)Strategia della Sicurezza: per far accettare delle norme anormali basta usare l'idea che è per la sicurezza di tutti. "E' una decisione dolorosa e necessaria ma la prendiamo per motivi di sicurezza". Quando politici e capi di governo pronunciano queste parole state pur certi che vi stanno ingannando.

Come si giustifica una guerra? Dichiarando che è necessaria per motivi di sicurezza nazionale.

Avrete spesso sentito la famosa frase" le guerre sono necessarie". Ma a cosa servono realmente? A generare debito, lo strumento di controllo preferito dei banchieri e, ovviamente, ad arricchire l'industria bellica.

Come giustifichi un green pass e l'obbligo di iniettarsi un siero genico sperimentale di cui non si conoscono gli effetti avversi di lungo periodo? Sempre e solo per motivi di sicurezza.

5) Rivolgersi al pubblico come a dei Bambini: tratta una persona come stupida per molto tempo e certamente lo diventerà. La maggior parte della pubblicità diretta al grande pubblico, usa discorsi, argomenti, personaggi e una intonazione particolarmente infantile, molte volte vicino alla debolezza, come se lo spettatore fosse una creatura di pochi anni o un totale deficiente. Farlo tutti i giorni per diversi anni porta le persone a ragionare con schemi mentali stupidi ed inutili. Basti vedere come i giovani d'oggi sfoggino fieramente la propria ignoranza per comprendere l'efficacia di questa tecnica.

6) Usare prevalentemente l'aspetto emotivo per manipolare le masse: le emozioni influenzano il subconscio delle persone e sono il sistema migliore per inculcare alla popolazione idee, pregiudizi e paure. Basta un'emozione forte per impiantare convinzioni, terrore e credenze limitanti.

Nello specifico si stimola l'aspetto emotivo degli ignari cittadini e poi si usano delle frasi specifiche per far associare quelle emozioni verso il vero obiettivo.

I tg ed i media ci hanno bombardato per due anni col Covid, instaurando paura, terrore (cosa c'è di meglio di un nemico invisibile?), creando ulteriori divisioni, odio (vax contro no-vax), semplicemente lavorando sull'aspetto emozionale della situazione, esattamente come quando hanno spostato l'attenzione sulla guerra in Ucraina.

Improvvisamente ci sono disponibili miliardi di euro di finanziamenti per le armi e finanziare la guerra ma non ci sono mai stati i soldi per ricostruire case ai terremotati o per far fronte alla pandemia. Fino all'anno scorso bisognava lavarsi per "tutelare il prossimo" ed igienizzarsi le mani ogni secondo. Quest'anno ci invitano a non fare la doccia ed a risparmiare il gas per combattere il cattivone di Putin.

L'importante però è salvare l'Ucraina paese che, l'italiano medio, a dir poco disprezzava.

Queste sono strategie di manipolazione di massa che usate dai mass-media e dai politici asserviti al sistema.

7) Mantenere il popolo nell'ignoranza: Spingere il pubblico a ritenere che è di moda essere stupidi, volgari e ignoranti. Portano le persone a credere che sia normale essere mediocri. Utilizzano degli attori, dei vip, degli influencer in grado di fare solo il nulla più assoluto, instaurando nelle persone un'idea molto materialista della realtà. "Compra questo prodotto e sarai una star", "acquista questo e diventerai straordinario". Sono tutte cazzate. È importante, al fine del controllo, mantenere le persone identificate con il loro corpo e non con la loro essenza. In pratica generano dei soldatini o dei subumani. Pensate ai ragazzi. Oggi quasi tutti vogliono essere influencer, li vedi per strada davanti ai telefoni a fare i balletti più assurdi.

Ci sono pure minorenni che fanno gli influencer con il "consenso" dei genitori!

Non sanno altro che fare video cretini e senza senso, alla disperata ricerca di approvazione sotto forma di like.

Alcuni addirittura si lanciano dai balconi per fare un video “cool”, rischiando la vita o, magari, di rovinarsela per sempre finendo su una sedia a rotelle.

Molte ragazze non fanno altro che fotografarsi mezze nude. Le influencer danno un’immagine di donna completamente distorta dalla realtà, sono spesso rifatte, inducono le giovani donne alla ricerca di una pseudo-bellezza a ricorrere alla chirurgia già da giovanissime, rifiutando la propria bellezza naturale, col solo risultato di rovinarsi.

In questo modo le manterranno (NON) indentificate col loro corpo, concentrate solo sulla propria immagine (storpiata), riuscendo ad eliminare completamente l’aspetto intellettuale-emotivo della persona.

8) I Finti Opposti: Creare nel pubblico due schieramenti opposti e mai divulgare la verità. Per anni si è stati condizionati a credere che vi sia differenza tra destra e sinistra quando in realtà chi va al potere non per serve il popolo bensì l'élite. Hitler era di destra e ha creato i campi di concentramento, Stalin era di sinistra e ha creato i gulag. Differenza? Nessuna, entrambi hanno ucciso milioni di persone. Scienza e religione sono altri finti opposti.

Oggi la scienza sta sostituendo la religione, bisogna per esempio avere "fede" in un vaccino sperimentale quando prima ci volevano 8/10 anni per approvare e sviluppare dei sieri sicuri. Oggi vogliono farci credere che la tecnologia e l'evoluzione scientifica sia tale da poter commercializzare in pochi mesi qualsiasi prodotto le Big Pharma desiderino.

Certamente la scienza ha compiuto passi da gigante ma la pandemia ha aumentato in maniera esponenziale i profitti delle multinazionali farmaceutiche, con la complicità di mamma Europa che ha addirittura secretato gli accordi ed i documenti che avrebbero dovuto essere pubblici, con la scusa/artefatto dello "stato di emergenza". Dovremmo avere fede nella scienza o nel profitto? Seguite i soldi e comprenderete sempre le reali motivazioni dietro ad ogni cosa.

Destra o sinistra non esistono più da oltre 30 anni ma il colpo di grazia è arrivato grazie a Letta con l'abolizione dei finanziamenti pubblici ai partiti (20/02/2014).

La propaganda/scusa di allora fu basata sul tipico auto-razzismo italiano secondo cui i fondi sarebbero stati utilizzati o, peggio ancora, intascati dai partiti e dai loro vecchi politici corrotti. Peccato che nessuno si renda conto che votiamo da almeno 30 anni la stessa gente e che i membri del parlamento sono radicati alle poltrone, oltre ad essere corrotti quanto e, probabilmente, più di prima.

Abbiamo appena votato, ora comanda la destra ma in parlamento ci sono sempre le stesse facce.

Fingono di litigare, cambiano schieramento, si accusano di fascismo e comunismo in assenza di entrambe, prima vogliono uscire dall'Euro poi diventano culo e camicia con Bruxelles.

La realtà è molto semplice: rispondono tutti ai grandi gruppi finanziari che sovvenzionano i partiti, per la semplice regola del "chi mette i soldi comanda".

Nessun onesto cittadino, patriota, con degli ideali sani, potrà più creare un partito senza fondi di privati e, siccome le campagne elettorali costano molto, hanno reso il parlamento un luogo dove mettere persone avide, spesso ignoranti e senza la minima cultura, perfetti esecutori degli ordini dei loro capi, che perseguono gli interessi della finanza anziché del popolo.

9) Conoscere gli individui meglio di quanto loro si conoscano: Negli ultimi 50 anni, i rapidi progressi della scienza hanno generato un divario crescente tra le conoscenze del pubblico e quelle possedute e utilizzate dalle élite dominanti. Il "sistema" gode di una conoscenza avanzata dell'essere umano, sia nella sua forma fisica che psichica. Conoscono l'individuo comune meglio di quanto una persona conosca sé stessa.

Questo significa che, nella maggior parte dei casi, il sistema esercita un controllo maggiore ed un gran potere sugli individui, superiore alla volontà dell'individuo stesso.

Quando si ha veramente potere? Quando si è in grado di fare soffrire le persone. Purtroppo, viviamo in un mondo dove se un essere umano sta peggio di noi tendiamo a calpestarlo e, qualora fosse in condizioni migliori delle nostre, ad invidiarlo. Non comprendiamo e non contempliamo un sistema di benessere comune.

10) Mantenere il pubblico ignaro dalle forme di controllo di massa e di manipolazione: bisogna evitare che la popolazione conosca i metodi con la quale viene controllata.

Questi ultimi due anni hanno dato riprova dell'efficacia delle tecniche di manipolazione e controllo di massa che hanno portato ad un'obbedienza incondizionata con grande soddisfazione delle élite.

Capitolo 2 – Il controllo mediatico

Vi chiederete come sia possibile che tutti i media lancino lo stesso messaggio e come poter anche solo dubitare della realtà che ci viene raccontata.

L'arcano è presto svelato: i media sono tutti di proprietà dei grossi gruppi finanziari e, quelli italiani, nello specifico sono controllati da Exor Group della famiglia Agnelli e da RCS di Urbano Cairo.

Soffermiamoci ora per un momento su Exor Group, di cui il C.E.O. è John Elkan e capiamo come, attraverso partecipazioni capillari in società strategiche, eserciti un controllo pressoché totale di giornali e radio. La holding detiene quote importanti e spesso maggioritarie, di colossi che, a loro volta, ne possiedono altre.

Spicca fra gli altri l'Economist group, grazie al quale potranno esercitare il piano di dominio globale anche attraverso la stampa straniera in altri paesi strategici.

Le singole partecipazioni comprendono nello specifico:

- Juventus football Club S.p.A. 63,76%
- The Economist Group 43,4%
- Gedi Gruppo editori 89,6%
- Stellantis 14,4%
- CNH Industrial 26,9%
- Ferrari 22,9%
- Shang Xia 77,3%
- Welltec 47,6%
- Iveco Group 27,1%
- Christian Louboutin 24%
- Via Transportation 16,9%

Il **gruppo Gedi** permette loro un controllo quasi totale della stampa. Possiede infatti:

- La Stampa (Torino)
- Repubblica (Roma)
- Il Secolo XIX (Genova)
- Messaggero Veneto - Giornale del Friuli (Udine)
- Il Piccolo (Trieste)
- Gazzetta di Mantova (Mantova)
- Il Mattino di Padova (Padova)
- la Provincia Pavese (Pavia)
- La Tribuna di Treviso (Treviso)
- la Nuova di Venezia e Mestre (Venezia)
- Corriere delle Alpi (Belluno)
- La Sentinella del Canavese (Ivrea)

Periodici (Gedi Periodici e Servizi):

- National Geographic Italia

- National Geographic Traveler

- Limes

- Le Scienze

- Mind

- HuffPost Italia

- Le Guide di Repubblica

Attraverso Elemedia è proprietaria di:

- Radio Deejay

- Radio Capital

- Radio m2o

Il gruppo RCS invece detiene fra le altre LA7, il Corriere della Sera e Radio Deejay.

Potete facilmente comprendere che un controllo totale della stampa, della Tv e delle Radio permetta una propaganda su larga scala, favorendo il pensiero unico, facendo un vero e proprio "lavaggio del cervello mediatico" alla popolazione, adottando tutte le tecniche di ingegneria sociale che abbiamo visto in precedenza. L'arma più potente mai creata dall'uomo non è la bomba atomica ma sono i media.

Malcom X ci mise in guardia riguardo la loro forza e pericolosità in tempi ancora non sospetti, sostenendo che ci avrebbero portato a odiare le persone che vengono oppresse ed amare quelle che opprimono, così come Anatole France ci insegna che se un milione di persone crede ad una cosa idiota questa non cesserà di essere tale!

Il vero giornalismo è morto con la globalizzazione. I grandi gruppi finanziari si sono comprati qualsiasi mezzo d'informazione in modo da poter influenzare la popolazione a proprio piacimento per perseguire i propri interessi.

Il giornalista odierno è obbligato a scrivere o a dire ciò che gli viene ordinato dai capi se vuole mantenere il proprio lavoro, finendo con l'ingannare l'inconsapevole lettore.

I politici Europei utilizzano i loro jet privati per andare alle conferenze. Ora spero non crediate che una vecchia panda inquini più di un jet ma, nonostante l'evidenza, accettiamo che nelle città chi possiede una vecchia auto non possa circolare.

Non è che forse, in questa società di consumismo estremo, vogliano obbligarci a spendere sempre di più, a cambiare auto per favorire i colossi come Stellantis dove, guarda caso, fra i principali azionisti figurano Exor N.V. detentore del 14,4%, assieme alla Famiglia Peugeot con quote pari al 7,4%? Promuovono le auto elettriche per un mondo più green, mentre sfruttano i bambini del Congo, costretti a lavorare in miniera per estrarre il cobalto, uno dei materiali indispensabili alla produzione delle batterie, mentre hanno utilizzato Greta Thunberg fin da bambina per promuovere le politiche ambientalistiche.

La tecnologia sta evolvendo mentre l'essere umano sta vivendo la peggiore involuzione della storia. L'ingegneria sociale funziona, la maggior parte del popolo crede a tutto ciò che viene raccontato, è impaurito, obbediente, un perfetto essere conformato e (dis)educato dalla propaganda. L'italiano medio è la persona più ignorante d'Europa, motivo per cui tutti gli esperimenti sociali nascono nel nostro Paese per adottarli poi anche in altre nazioni, una volta terminata la fase di sperimentazione ed aver capito la reazione del popolo.

La situazione è tragica, l'influenza e il controllo che riescono ad esercitare è impressionante e allo stesso tempo terrificante. Il mondo è in mano ad un gruppo ristretto di persone ricchissime che influenzano la vita delle persone attraverso il possesso di aziende leader in tutti i settori chiave.

In questo capitolo si è reso necessario darvi riprova con fatti e dati pubblici a sostegno della mia tesi ma, questo, non è un libro d'inchiesta, bensì un manoscritto che vuole smascherare e mettere a nudo il sistema macroeconomico, fornendone una soluzione alternativa.

C'è una soluzione per ogni problema. Avrete compreso che certamente non saranno la televisione o la stampa a fornircele.

Per trovarle è innanzitutto necessaria una presa di coscienza da parte del popolo su ciò che realmente accade, di come siamo manipolati e schiavizzati dal sistema economico attualmente in vigore.

Capitolo 3 – L’origine del sistema antiuomo

L’origine del sistema economico antiuomo è molto semplice e si riconduce all’aver ceduto la sovranità monetaria ad una banca centrale privata, concedendo di fatto un potere illimitato, quasi divino, ad un gruppo ristretto di famiglie.

Da secoli i banchieri controllano il mondo attraverso il DEBITO e, l’aver ottenuto anche il potere di stampa della moneta, ha permesso loro di raggiungere tutti i piani e gli obiettivi prefissati. Potranno inoltre perseguire ed attuare qualsiasi piano futuro abbiano in mente.

Pensate a cosa è accaduto durante la Pandemia con le chiusure forzate di tutte le attività e l’impossibilità per milioni di imprenditori, lavoratori e famiglie di poter guadagnare.

La BCE non ha erogato un solo euro a favore delle popolazioni martoriate dalle chiusure e dalle politiche suicida dei propri governi, complici consapevoli della distruzione del tessuto economico nazionale, delle piccole/medie imprese, con l'unico fine di favorire globalizzazione e multinazionali.

L'UE ha proposto solo "strumenti" / soluzioni come il M.E.S., il fondo "salvastati", con un valore di circa 700 miliardi, dove ogni singolo stato ha versato denaro per far fronte a periodi di emergenza ma, per attingere a questo fondo, e riprendere indietro i propri soldi, si può farlo solo sotto forma di prestito, pagando un interesse e cedendo sovranità nazionale a mamma Europa dei banchieri che tanto ci ama.

È stato creato il P.N.R.R. (piano nazionale di ripresa e resilienza) strumento con condizioni ancora più stringenti del M.E.S. in termini d'investimenti, cessione della sovranità e controllo. In pratica ci prestano i nostri soldi, da restituire con interessi, dicendoci come e dove spenderli.

A questo punto è necessario comprendere come funzionano esattamente questi fondi europei. Avrete sicuramente compreso come l'euro penalizzi alcuni paesi e ne avvantaggi altri.

La BCE si inventa strumenti come il M.E.S. per impedire a coloro che vengono fortemente penalizzati dalla moneta unica europea di lasciare l'eurozona.

L'Unione Europea chiede ogni anno ai paesi aderenti di versare un certo importo, molto consistente, che viene calcolato in maniera proporzionale al "peso economico" che questi hanno. L'ammontare dei versamenti è principalmente composto da due voci, una percentuale del reddito Nazionale lordo e una aliquota fissa dell'IVA pari allo 0,30% dell'imponibile.

l'Italia nel 2020 ha versato 18,2 miliardi di euro (quasi una finanziaria), ricevendone indietro sotto forma di fondi 11,6, regalando all'Europa 6,6 miliardi per le "spese" della mangiatoia. Non solo se ne tiene una parte, ci impone di spendere la rimanente come vuole lei, attraverso gli "strumenti" che ci propina.

È pura follia e tutto questo non basta ai nostri aguzzini che continuano ad inventarsi fondi e piani pluriennali che devono essere finanziati sempre dagli stati che sono il salvadanaio dell'UE che, ovviamente, non è in grado di moltiplicare e stampare soldi, a differenza della BCE. **Quando l'Unione Europea ci parla di fondi europei non ci sta dando soldi ce li sta chiedendo e, il nostro denaro, anziché andare a favore degli italiani, viene malamente sperperato.**

D'altronde il loro fine è distruggere gli stati nazionali obbligandoli a cedere sovranità per arrivare al controllo totale dei paesi in cambio di denaro "prestato" ed un debito che non potrà mai essere ripagato.

Nell'ultimo trentennio abbiamo assistito alla cosiddetta Globalizzazione, ovviamente raccontata come un mondo senza barriere, libero e stupendo quando in realtà ha semplicemente favorito le multinazionali, le banche d'affari e la finanza in generale, a radicare il loro potere e controllo sull'intero pianeta.

Finché esisteranno aziende con fatturati superiori al P.I.L. di uno Stato è ovvio che queste avranno più potere degli stessi governi.

Finché la sovranità monetaria non tornerà ad essere pubblica, quindi di proprietà dei cittadini, continueremo a vivere in un mondo dove l'élite comanderà fino ad arrivare ad essere l'unica classe dominante (e già lo è) di un modo ridotto in povertà (non ancora totalmente).

Noi siamo schiavi di un sistema creato dall'uomo. Ciò che ci viene insegnato negli atenei e venduto come unico sistema funzionante ed accettabile è in realtà la più grande truffa della storia.

I manuali di economia non sono testi sacri ma mere e semplici teorie scritte da uomini che hanno creato un metodo di controllo globale e schiavizzante con parvenza di democrazia. Eppure, qualsiasi teoria è, per natura, contestabile o quantomeno discutibile.

Sono riusciti ad inventarsi i governi tecnici, mettendo i loro "esperti al comando" della Nazione. Quante volte in questi anni ci hanno chiesto sacrifici in nome dei "mercati", dello spread, delle banche, dell'Europa?

Per la gente comune questi "mercati" sono un'entità oscura, con una parvenza quasi sacra, ergo da venerare e temere, quando in realtà non sono che una mera invenzione dell'uomo, virtuali ma da tenere in altissima considerazione, al pari di una divinità.

Crollassero i mercati finirebbe il mondo! O forse no? Se domani non esistessero più i mercati finanziari ci sarebbe ancora vita nel pianeta?

Io penso proprio di si, le aziende, quelle reali e non virtuali, ci sarebbero ancora, potremo continuare a produrre qualsiasi cosa, però sarebbe una catastrofe (per loro).

Ricordate che dovrebbe essere l'economia reale ad influenzare i mercati finanziari e non viceversa. I mercati finanziari sono nati come luogo dove le aziende potevano ricercare capitali dai risparmiatori.

Facciamo un semplice esempio: poniamo di avere un'azienda sana che continua far crescere il proprio fatturato raggiungendo i valori e requisiti per accedere in borsa. A questo punto sarebbe nella posizione di cedere le proprie quote sul mercato attraverso azioni o obbligazioni, presentando un'offerta pubblica di acquisto (OPA) ai consumatori che porterebbero capitale fresco, qualora decidessero di comprarle.

Come principio era anche corretto poi la finanza si è evoluta, è diventata "creativa" ed ha creato una serie infinita di strumenti molto complessi che hanno rovinato migliaia di famiglie. MPS o Parmalat vi ricordano qualcosa?

Perché nessuno pensa a salvare i cittadini anziché le banche?

Perché per due anni non ci è stato concesso nulla, mentre adesso ci sono fondi pressoché illimitati per fornire armi all'Ucraina?

Semplicemente perché chi stampa i soldi ha il potere di fare ciò che vuole, di non stamparli in un momento di grande bisogno per l'umanità mentre, per l'industria bellica di cui sono proprietari, se ne possono stampare illimitatamente, tanto finanzieranno ed arricchiranno loro stessi.

Negli ultimi vent'anni Blackrock, Vanguard e State Street, i tre fondi d'investimento più grandi del mondo, sono giunti ad essere i maggiori azionisti nell'90% delle società quotate sullo S&P 500.

I settori di investimento principali sono mirati e comprendono:

- settore farmaceutico che, in questi due anni ha avuto una crescita esponenziale derivata dalla vendita dei vaccini;

- armamenti nella fattispecie Vanguard, che sta facendo soldi a palate grazie alle armi per la guerra in Ucraina;

- idrocarburi;

- elettronica.

Uno studio di due professori di Harvard, Lucian Bebchuk e Scott Hirst, ha calcolato nel 2020 che i tre colossi esprimevano complessivamente il 25% dei diritti di voto di tutte le società quotate sull'indice S&P 500 per arrivare al 34,3% entro dieci anni e al 40,8% entro venti.

Inoltre, i tre fondi sono strettamente intrecciati fra loro: Vanguard e State Street detengono insieme il 12% di Blackrock; Vanguard e Blackrock possiedono il 18% di State Street; mentre Blackrock e State Street hanno il 20% di Vanguard.

Sono poi al centro di un vasto intreccio azionario, in cui compaiono importanti Mutual Funds oltre a soggetti finanziari e banche d'affari (tra cui: Fidelity, T-Rowe, Goldman Sachs, J.P. Morgan, Morgan Stanley). Insomma, capirete da soli che è un gran casino provare a capirci qualcosa ma, è fondamentale, comprendere che sono in grado di provocare qualsiasi reazione sull'intero sistema bancario e assicurativo mondiale attraverso le masse finanziarie che gestiscono. Il che è abbastanza spaventoso!

L'attenzione mediatica e finanziaria si è spostata (momentaneamente) dalla pandemia alla guerra perché non c'è in gioco la libertà dei poveri Ucraini ma l'essere i padroni della Moneta più forte al mondo. Spero non crediate che i governi facciano investimenti importanti in infrastrutture per leggere il QR code di ognuno di noi e che poi possa misteriosamente sparire. Hanno solo momentaneamente allentato la cinta a causa delle recenti elezioni o semplicemente perché il vaccino era il fine e non il mezzo per arrivare al QR code ma, soprattutto, perché al momento vi sono questioni più importanti come difendere la leadership del dollaro.

Da qualche tempo, infatti, è in atto il progetto B.R.I.C.S. una moneta unica che dovrebbe essere utilizzata da Brasile, Russia, India, Cina e Sud Africa. Grazie alla loro estensione, alla crescita demografica che avviene in alcuni di essi (soprattutto in India) e alla loro rilevanza geopolitica sono sempre più importanti sullo scacchiere internazionale.

Cina e Russia in particolare stanno sfidando la globalizzazione americana attraverso un processo di de-dollarizzazione. Ci sono anche delle tensioni fra questi stati, mentre il Brasile è un alleato dell'America.

Tuttavia, se questo progetto andasse in porto, ci sarebbero un miliardo e mezzo di persone che utilizzerebbero questa moneta minacciando di fatto lo strapotere del dollaro. Creare guerre, tensioni fra paesi e fare una pessima propaganda alla Russia, rallentando questo processo è nell'interesse degli Stati Uniti e dei banchieri che il cattivone Putin ha osato sfidare e, nel mentre, è stato capace anche di rafforzare la propria moneta obbligando tutti a pagare il gas in rubli.

Ci tengo a sottolineare che non penso sia la soluzione spostare il potere da occidente ad oriente. Troppo potere nelle mani di pochi ci sta già mostrando i pessimi risultati per la popolazione. Dobbiamo comprendere è in atto uno scontro globale, molto rischioso, dove gli equilibri potrebbero cambiare in meglio ma anche in peggio (io scommetto su questa ipotesi).

Ho voluto solo chiarire alcuni aspetti geopolitici fondamentali per comprendere il periodo in cui viviamo e cosa stia realmente accadendo.

Nel pieno conflitto in cui ci troviamo gli Stati uniti non possono permettersi un'Europa forte, avendo già abbastanza problemi provenienti da oriente.

Le sanzioni stanno danneggiando le popolazioni Europee, costrette ad affrontare l'ennesima crisi ed un caro bollette spropositato.

La quotazione del gas (TTF) viene stabilita alla borsa di Amsterdam. Degli analisti predicono che ci sarà una forte crisi a causa della guerra ottenendo come risultato lo schizzare dei prezzi.

È una mera speculazione, Eni cresce del 160% e, ancora una volta, l'economia reale viene sacrificata a favore del dio mercato e a discapito della povera gente. Perché nessuno si chiede come mai stia aumentando anche il costo dell'elettricità anziché solo quello del gas? Sempre per mera speculazione. Questi ultimi tre anni di pandemie, lockdown (che finiranno solo quando non ci sarà più nulla da chiudere) e guerre dimostrano la totale inconsapevolezza dei cittadini riguardo i fatti attuali.

L'unione Europea è una colonia degli USA, i membri del parlamento conducono politiche a dir poco sospette e manovre economiche folli, come tutte le sanzioni che hanno rafforzato i nostri "nemici", aumentato la portata della crisi economica e messo in ginocchio milioni di famiglie - aziende.

Ora le cose sono due: o sono tutti cretini, oppure sanno perfettamente quello che fanno e, dietro alle decisioni prese con le insensate manovre attuate, ci sono dei forti conflitti d'interesse.

Heiko Von der Leyen, marito di Ursula, (presidente del Consiglio Europeo) è a capo della biotech statunitense Orgenesis, specializzata in terapie cellulari e geniche oltre che nella realizzazione dei vaccini anti- Covid a Rna. Con la sua società è stato parte integrante dello sviluppo dei vaccini assieme alla Pfizer.

L'unione Europea, così preoccupata per la salute dei propri cittadini, ha permesso la commercializzazione solo dei sieri Pfizer, AstraZeneca e Moderna, senza considerare minimamente il vaccino Russo o quello Cinese.

Siamo proprio sicuri la loro priorità fosse la nostra salute e che non vi sia alcun conflitto d'interessi dietro a questa scelta?

Inoltre, il P.N.R.R. ha finanziato 320 milioni di euro all'università di Padova, per la ricerca su terapia genica e farmaci a Rna. Heyko faceva parte della fondazione creata dall'ateneo padovano e coordinata dal professor Rizzuto.

A fine ottobre ha rinunciato alla nomina, rimanendo comunque a capo della sua società che, insieme a colossi globali come Pfizer, AstraZeneca, Biontech e Sanofi, fa parte del progetto di ricerca.

In pratica si è dimesso ma, la sua società Americana gode di fondi Europei che, ricordo, sono stanziati sotto forma di prestito, sui quali dovremo pagare interessi e di cui usufruiscono colossi statunitensi che "collaborano" con un'università all' interno dell'UE.

Sfido ora anche l'europeista più convinto a non avere forti dubbi sull'operato e sulla moralità dei soggetti di un parlamento che tutto fa, tranne che operare nell'interesse dei propri cittadini.

Mi domando poi se questi fondi non sarebbero potuti servire a finanziare famiglie ed imprese Italiane anziché le solite multinazionali. Purtroppo, come vi ho spiegato in precedenza, non abbiamo potere decisionale sugli "strumenti" gentilmente concessi e messi a disposizione dall'UE.

D'altronde ogni giorno da vent'anni ci educano con i mantra del "ce lo chiede l'Europa", "l'Europa è la nostra pietra miliare" e quindi facciamo tutto quello che ci viene imposto/ordinato, pensando che sia per il nostro bene!

I globalisti odiano le nazioni sovrane e le loro Costituzioni. Nell'ambito del processo di sub-umanizzazione dell'essere umano volta al conformismo e al pensiero unico è necessaria la distruzione delle origini, della cultura, della famiglia, luogo in cui ci si forma e si viene educati. Vogliono controllare tutto e possedere tutto.

Non è un caso che abbiano distrutto prima la Grecia e che ora stiano cercando di distruggere l'Italia. Esse sono la culla della civiltà Europea.

Prima dell'ingresso nell'euro, eravamo la quarta potenza mondiale, un paese di artigiani, il Made in Italy era un brand riconosciuto, invidiato e ammirato dal mondo intero per la propria essenza di qualità.

Tutti possedevano una o più case, i nostri genitori ed i nostri nonni erano ricchi o comunque benestanti appartenenti al ceto medio che stanno distruggendo per rendere la forbice ricchi-poveri sempre più ampia.

So benissimo che oggi è difficile porsi delle domande e che è molto più rassicurante e facile sentirsi proporre una soluzione, anche se inadeguata e dannosa ma, comunque, veritiera secondo la versione "ufficiale". Ritengo però che porsi dei quesiti sia l'unica via per il risveglio, per una vera evoluzione dell'umanità ma, soprattutto, per trovare una soluzione.

Capisco che non sia semplice comprendere complessi meccanismi finanziari e che, a causa del continuo bombardamento mediatico volto alla distorsione della realtà, le persone potrebbero pensare che la banca centrale abbia erogato dei fondi per aiutarci ad uscire dalla crisi ma, come avrete capito, non è così. Ergo bisogna informarsi e disintossicarsi dalla disinformazione a cui siamo assoggettati.

Prima di potervi fornire la soluzione è necessario però capire come funziona l’emissione della moneta che chiarirà maggiormente il grande inganno dentro il quale ci troviamo e viviamo.

Capitolo 4 – La moneta e il pensiero neoliberista

Quanti di noi entrano al casinò con la speranza di vincere malgrado sappiano che a vincere, alla fine, è sempre il banco? L'economia moderna funziona esattamente così, con una semplice, ma netta, differenza: le banche, grazie al sistema monetario in vigore, vincono sempre.

Le Banche Centrali, oggi, sono le uniche istituzioni autorizzate all'emissione di moneta ma i problemi legati a questa loro funzione sono molteplici.

Come ampiamente spiegato la Banca Centrale è un'istituzione privata e, di conseguenza, difficilmente potrà perseguire l'interesse collettivo. La moneta viene liberamente stampata "allo scoperto", ovvero senza avere un reale valore tangibile. **La moneta è quindi fiduciaria**: quando la banca emette un prestito crea moneta elettronica dal nulla che verrà immessa nell'economia reale ed utilizzata come bene di scambio, in quanto riconosciuta, ma priva di un effettivo controvalore.

Solo pochi economisti spiegano in modo chiaro questo meccanismo. I manuali di economia utilizzano generalmente frasi ambigue, figlie del pensiero neoliberista a cui tanto piace confondere le idee.

Nei testi, ad esempio, c'è scritto che la moneta bancaria deve essere in un certo rapporto "prudenziale", stabilito al 10%, rispetto alla totalità dei depositi della banca centrale.

Chiunque di noi sarebbe portato a intendere che se la banca ha 100€ di depositi potrà prestare 90€ e tenere 10€ come riserva. Non è così: in realtà potrà prestare 1.000€.

Proverò a spiegarvi come ciò avviene nel modo più semplice possibile, benché sia complicato.

L'arcano artefatto avviene in quanto i testi stanno suggerendo un'equazione di primo grado:

qual è quell' X che rappresenta il valore prudenziale dei depositi che la banca possiede?

X*(10%) = 100€ quindi X = 100€ / 10% da cui si ottiene: x=1000€

La banca è quindi autorizzata ad emettere moneta da "prestare" allo "scoperto", ovvero senza alcun controvalore tangibile, semplicemente premendo un tasto, creando denaro dal nulla.

A chi supera questo scoglio, comprendendolo, i testi suggeriranno che quando il denaro verrà restituito alla banca questo sarà **nullificato**. Peccato che dal 1946 ad oggi non esista alcuno Stato che abbia restituito, anche almeno in parte, il proprio debito.

Negli ultimi 20 anni ci hanno martellato col problema del debito pubblico, in continuo aumento e delle nazioni che dovrebbero cercare di diminuirlo, ripagandolo e diventando efficienti come un'impresa.

Hanno introdotto il concetto di Stato - Azienda, imposto politiche di austerity per diminuire questo salasso che continua ad aumentare. Ma come si fa a crescere e migliorare in austerità? Come si può crescere realmente senza investimenti?

Non è possibile, sono tutte scuse per obbligare gli stati ad una cessione totale della sovranità, non essendo in grado di ripagare il debito poiché soffocate dagli interessi.

Il debito pubblico non è un problema, deve esistere, altrimenti questo sistema non funzionerebbe. Lo utilizzano come scusa per perseguire i propri fini di dominio globale.

La prima grande menzogna da smascherare è dunque quella di chi vi racconta che "non ci sono soldi". Dato che è possibile stamparli e crearli dal nulla, vi renderete conto da soli che non è così.

Semplicemente, grazie allo strumento del signoraggio bancario che usa il proprio potere come mezzo di controllo delle economie, i soldi finiscono nelle tasche di chi soddisfa gli interessi del capitalismo globale e delle multinazionali che spesso sono collegate alle banche d'affari ed ai banchieri.

Capiamo ora come il debito sia un mezzo di controllo di Stati, economie e privati.

Debito pubblico e privato vengono generati volontariamente, poiché siamo stati noi a permettere ai nostri politici di cedere la sovranità monetaria, accettando l'attuale sistema in cui ogni qual volta una banca privata stampi moneta che non possiede, questa possa generare un debito nei nostri confronti.

Il debito attraverso gli interessi bancari, stabiliti dalla banca centrale stessa, crea inflazione, la quale crea ulteriore indebitamento dovuto all'aumento dei prezzi, con conseguente sempre maggiore impoverimento della popolazione che si vedrà costretta ad un ulteriore indebitamento per sopravvivere.

La banca /banco vincerà sempre per tre principali motivi:

1) Qualora il debito venisse ripagato ricaveranno un interesse sul prestito aumentando di conseguenza i loro depositi e la loro capacità di emissione della moneta.

2) In caso d’insolvenza perderanno denaro che non possedevano. La moneta “fiduciaria” (siamo noi a concederle valore e riconoscerla) creata dal nulla rimarrà in circolo, anzi verrà rifinanziata con altra moneta ex novo e, magari, concessa ad “amici”, “movimenti politici”, alle multinazionali mantenendo in circolo una quantità di denaro sempre maggiore a causa dell’insolvenza. Guadagneranno inoltre dagli stati in termini di cessione della sovranità a favore di strutture sovranazionali.

Dovete sapere che qualora una nazione europea non rispetti i parametri comunitari imposti dal rapporto debito/pil verrà sanzionata, quindi ulteriormente indebitata, trovandosi costretta a cedere parte della propria sovranità.

3) I privati insolventi si vedranno sottrarre le case o beni materiali, dato che il sistema permette alle banche di appropriarsi di beni tangibili in cambio di una moneta prestata intangibile e che non avevano!

A questo punto si rende necessario un ulteriore step per capire la grande truffa nascosta dietro al pagamento degli interessi sui mutui e sui prestiti.

Avete mai realizzato che quando andiamo in banca, anche per la più semplice delle operazioni, siamo "costretti a firmare" una serie pressoché infinita di documenti pieni di clausole scritte con caratteri in miniatura? Queste clausole sono definite come vessatorie, ovvero a sfavore del consumatore, il quale deve accettare le condizioni che gli vengono "imposte", in quanto parte debole e senza diritto di negoziazione.

La legislazione in vigore tutela gli istituti finanziari anziché proteggere la gente comune. Ci spacciano come trasparenza tutte quelle clausole scritte in "legalese" che solo in pochi leggono e quasi nessuno capisce.

Se la trasparenza fosse tale ed a protezione del cliente, dovrebbe essere chiara e comprensibile, proprio per il significato intrinseco della parola stessa.

Innanzitutto, l'intero sistema economico-finanziario è reso volutamente complesso, attraverso l'utilizzo di modelli finanziari, recepiti dagli studiosi di economia come verità assolute, quando in realtà servono a nascondere gli astuti artifizi che le banche utilizzano per speculare sulle persone.

Il problema è che nelle facoltà odierne si conferisce agli studiosi una forma mentis standardizzata, in modo tale che nessuno si ponga delle domande sulla validità delle teorie che vengono insegnate.

La matematica finanziaria fornisce le basi per tutte le operazioni del sistema economico moderno ed è costruita ad hoc per favorire le banche e gli speculatori, attraverso la creazione di un modello comprensibile a pochi.

Peccato che nessuno abbia mai anche solo pensato di metterne in dubbio l'efficacia proponendo dei modelli alternativi. Personalmente ritengo che, come sempre, si possa semplificare e migliorare l'intero sistema.

Chi di noi ha realmente chiaro come funzionano le più comuni operazioni bancarie? Direi quasi nessuno. Pensiamo a quando andiamo in banca dal nostro "consulente di fiducia" per richiedere un prestito. Ci verranno fornite delle opzioni di finanziamento a dei tassi convenientissimi (per la banca).

Ci spigheranno che pagheremo un interesse, il TAEG, – Tasso Annuo Effettivo Globale – ma cosa significa? Questo include il TAN – Tasso Annuo Netto – ovvero il tasso d'interesse applicato, maggiorato delle spese accessorie ed eventuali assicurazioni sulla vita del contraente. Scusatemi, lo so, è complicato, ma cercate di seguirmi.

Mi sono permesso, senza fare nomi, di andare all'interno del sito di una delle finanziarie leader del mercato e di richiedere un preventivo per un prestito di 10.000€ in 120 mesi.

Il simulatore ha elaborato una rata mensile da 130,80€ con TAN fisso al 6,50% e TAEG pari al 7,64%, ovvero l'interesse totale che dovrà essere pagato.

A questo punto il consumatore capirà che l'interesse applicato sia di 764€ ovvero il 7,64% di 10.000. Moltiplicando la rata per la durata del finanziamento, il richiedente scoprirà invece che a fine prestito avrà restituito ben 15.696€, ovvero maggiorato del 56,96% in più rispetto al capitale ricevuto. Il tasso reale applicato ammonta quindi al 56,96% quando la stessa Banca d'Italia indica come tasso di usura per i prestiti personali il 16,7875%.

L'inghippo sta nel fatto che sia nel TAN che nel TAEG sia indicata la parola ANNUO.

L'attuale legislazione permette questo giochino di parole supportata dalla matematica finanziaria che, attraverso una serie di calcoli complessi, consente di mascherare un tasso che viene spacciato al 7,64% quando in realtà ammonta al 56,96%.

Invito tutti i lettori ad andare a prendere i propri finanziamenti o mutui per capire il reale tasso d'interesse applicato sulla base capitale restituito alle banche, moltiplicando la rata per la durata.

Dato che il tasso d'interesse può essere calcolato in maniera semplice come abbiamo appena fatto, concorderete con me che la matematica finanziaria sia una materia truffaldina e totalmente inutile, tesa a favorire l'arricchimento delle banche, sia nei mercati finanziari, che a danno del consumatore nelle più comuni operazioni bancarie, come nei casi dei finanziamenti.

Questo sistema fraudolento andrebbe totalmente riformato e reso più comprensibile, in termini di calcolo e, trasparente, a livello di linguaggio giuridico, ovviamente a discapito della speculazione bancaria.

Pensate ai comuni mortali che magari dopo aver pagato l'80% del mutuo si vedono portare via la casa dopo aver pagato ben oltre il valore di acquisto.

Infatti, sempre grazie ai calcoli di matematica finanziaria, nelle rate è inclusa una quota capitale ed una interessi. Poniamo che la rata sia di 1000 euro mese per 20 anni, all'inizio questa coprirà quasi in toto la quota interessi (magari 900 euro) e di capitale (quello che serviva a comprare l'immobile) solo 100 euro. Questo artifizio consente alle banche di tenere in scacco il debitore fino alla fine del prestito e di portargli via una casa magari dopo aver pagato quasi totalmente il mutuo, restituito il capitale ma non la quota d'interessi totale che, ricordo, viene ripagata su denaro generato con un click e che non possedevano! Lascio trarre a voi le conclusioni.

Inoltre, oggi le banche stanno rendendo sempre più difficile l'accesso al credito per privati e piccole/medie imprese. Per esempio, un giovane under 30 non potrà acquistare casa anche se lavoratore con contratto indeterminato senza garanzia dei genitori.

Una piccola/media impresa, alle prese con lockdown e crisi imposte, si vedrà costretta a chiudere. Tutto ciò viene venduto dal capitalismo come "competitività", quando in realtà non è possibile competere quando mancano gli strumenti per farlo e, nella fattispecie, la liquidità.

La banca/banco avrà così vinto in ogni caso e, noi giocatori, imprigionati a vita all'interno di questo casinò, non abbiamo la minima possibilità di vittoria.

Cerchiamo ora di capire cosa significhi signoraggio. Esso nasce nei secoli scorsi ed era la capacità del "signore" di imprimere la propria faccia sulla moneta. Le banche centrali oggi pongono la firma del presidente della banca centrale sulle banconote a conferma di essere l'unico "signore" in grado di farlo.

A sostegno del signoraggio, per meglio garantire la tenuta del sistema, è stato creato il pensiero Neo-liberista, che è il fondamento del capitalismo occidentale moderno che studiamo oggi nelle università. Questo sistema è basato su assiomi, spacciati per verità indiscutibili.

Ma come può una teoria (assioma) non essere discutibile? Lo è per natura.

Gli assiomi del neoliberismo, infatti, non hanno alcuna relazione significativa fra loro. Ogni spiegazione rimanda ad un'altra che rimanda a sua volta ad un'altra e così via... E il rimando reciproco crea infine la sensazione che tutti gli assiomi siano coerenti e sostenibili, anzi tutto quello che ci raccontano "suona bene a sentirlo".

Si dice che nel 1941, parlando con il premier inglese, il presidente americano Roosevelt confessò di essere giunto alla conclusione che tutto ciò che gli era stato insegnato dell'economia fosse totalmente falso.

Supportato dalle teorie economiche, il pensiero neoliberista sta usando la menzogna per confondere gli studenti, per infondere nei popoli incertezza e paura in modo da imporre loro sacrifici che aiuteranno gli speculatori ad arricchirsi sempre di più a discapito delle masse.

Capitolo 5 – Soluzioni secondo il modello attuale

Quando la società arriva al punto d'involuzione della condizione odierna è il momento in cui bisogna regredire.

Avrete compreso che i soldi siano prodotti con un click, dal nulla e come vengano sempre stampati per "essere prestati", ovvero la moneta viene sempre "emessa a debito" e su base fiduciaria.

Queste sono le fondamenta del sistema economico dentro il quale viviamo e successivamente fornirò anche un modello alternativo, nettamente più equo e logico di quello attuale, pensato per essere a favore dell'umanità intera.

Concentriamoci ora sulle teorie economiche accettate e studiate.

Prima dell'avvento dell'euro eravamo un paese straordinario e la Banca centrale italiana era un ente pubblico.

La sanità era il fiore all'occhiello mondiale, le grandi industrie statali sono state (s)vendute con il solito mantra mediatico attraverso il quale ci hanno convinto di quanto questi colossi fossero dei carrozzoni inefficienti, un'inutile spreco di soldi pubblici e che l'unica soluzione fosse la privatizzazione. L'auto-razzismo italiano è unico al mondo.

La realtà invece era ben diversa, eravamo un paese in pieno sviluppo, produttivo, strategico, rispettato ed invidiato, non solo per l'unicità e la bellezza del nostro paese e del patrimonio artistico ma, soprattutto, perché eravamo i migliori per efficienza, qualità e con industrie che facevano gola al mondo intero.

Ovviamente la TV attraverso politici che a fatica raggiungono un diploma di scuola media superiore, economisti e tecnici esperti, ci raccontano che con la "Liretta" non saremmo ciò che siamo diventati oggi grazie all'Europa. Su questo concordo pienamente con loro. Sicuramente non ci saremmo impoveriti! I numeri degli ultimi 20 anni sono drastici. Ma perché?

Prima con una banca centrale pubblica che emetteva il denaro, i cittadini erano i creditori dello stato stesso, in pratica erano proprietari del proprio debito. Infatti, quando veniva stampata nuova moneta lo stato emetteva obbligazioni (o Bond in inglese) come i BTP che il cittadino si comprava detenendo effettivamente il proprio debito, divenendo il "creditore" dello stato. Con il passaggio ad una banca centrale privata invece il debito pubblico diventa il debito che il cittadino ha nei confronti della banca stessa. Infatti, oggi il debito pubblico è allocato presso la Banca d'Italia (46,15%) o presso istituzioni finanziarie italiane. Il 9,58% è posseduto da altri residenti, mentre il restante 44,27% è allocato all'estero.

Vi sarà chiara ora la differenza fra l'essere creditore dello stato o debitore di usurai legalizzati, in base all'avere una banca centrale pubblica o privata.

In passato quando c'era bisogno di denaro, questo veniva stampato nel reale interesse del paese e l'economia continuava a girare e crescere.

Oggi invece, qualora ci fosse necessità di soldi, non possiamo più stamparli ma dobbiamo chiederli in prestito e ci vengono dati secondo le "loro regole". Non è detto che ci vengano concessi se non a condizioni assurde e sfavorevoli come nel P.N.R.R. o nel M.E.S., in cambio pure della cessione della sovranità nazionale. Comprenderete da soli che in un momento di necessità economica e l'impossibilità di immettere denaro fresco nell'economia questa andrà per forza in crisi e saranno i banchieri a stabilire la durata della crisi e la sua entità, qualora decidessero di ritardare l'emissione di denaro.

In questa condizione verrà attaccato il risparmio privato, il patrimonio immobiliare pubblico e privato, oppure verranno vendute strutture pubbliche strategiche come ad esempio i porti.

Quante volte in televisione abbiamo sentito anche i politici attaccare il nostro risparmio privato, dicendo che gli italiani sono un popolo troppo ricco che tiene fermi i soldi nei conti correnti. Ma nessuno si chiede come solo si permettano di dire certe blasfemie?

La gente lavora ed ha diritto di fare con i propri soldi ciò che vuole, anche di tenerli in banca e di risparmiare. Non è colpa della popolazione se ci troviamo in questa condizione ma solo di politici corrotti e servili nei confronti dell'élite.

Queste detestano che la popolazione abbia potere finanziario quando vorrebbero detenerlo in toto e, con la solita mirata attenzione e graduale attuazione di politiche economiche sempre più stringenti, ci stanno riducendo in povertà. Vogliono azzerarci il risparmio. Non basta lavorare sottopagati, dovremo spendere tutti i soldi col risultato di essere completamente dipendenti e alla loro mercè.

Dato il cambio sfavorevole della Lira nei confronti della Moneta Unica i nostri stipendi si sono dimezzati ed i prezzi sono raddoppiati.

Ci raccontano che senza l'euro sarebbe un fallimento e che uscirne sarebbe una catastrofe (per loro ovviamente).

Visto il sistema fallimentare causato dall'UE e di una società sempre meno consapevole e involuta, basterebbe "regredire" tornando avere una banca pubblica centrale, ristabilendo la nostra sovranità monetaria, anche secondo i modelli economici Keynesiani, cioè quelli attuali.

Ovviamente l'establishment è perfettamente conscio dei danni che il "vecchio sistema" causerebbe loro, altrimenti non ci ritroveremmo in questa condizione e non avremmo subito per vent'anni un bombardamento mediatico su quanto sia bella l'Unione Europea con i capisaldi di democrazia e diritti che abbiamo "solo" in occidente. Personalmente mi sembra che stessimo meglio con la Lira e che fossimo in democrazia anche allora!

C'è una bellissima barzelletta che racconta di come i banchieri cercassero di convincere le nazioni a cedere loro la sovranità monetaria in quanto "esperti" nella gestione del danaro e di come, "insieme", avrebbero potuto migliorare la condizione mondiale.

Dopo essersi convinti e, averla ceduta, gli Stati chiesero ai banchieri: allora che facciamo adesso? Questi risposero: Un cazzo perché non avete i soldi!

Sapete cosa potremmo fare noi, Popolo Sovrano, invece? Uscire dall'Euro ed attuare la benedetta regressione che ci farebbe rinascere. In fondo si stava meglio prima, lo dico i numeri.

La soluzione per uscire dall'Euro esiste ed è semplice. Ci permetterà di continuare ad avere i nostri soldi, ripagando anche il debito pubblico con una semplice operazione di cambio, senza toccare le tasche degli italiani: ogni sistema ha la sua falla!

Il nostro risparmio privato è praticamente il doppio del debito pubblico. Quando una Nazione possiede all'incirca 5250 miliardi ce ne deve 2771, può pagare il suo debito. Il che imporrebbe sacrifici che non mi sono mai piaciuti.

La soluzione che sto per proporvi ci permetterà di continuare a mantenere i nostri soldi restituendo ai banchieri/tipografi la loro "cartastraccia".

L'Italia è un paese sanissimo. Siamo in avanzo primario (incassiamo più di quello che spendiamo) da oltre un quarto di secolo. Il nostro risparmio privato è uno dei più alti al mondo e con la Lira eravamo al primo posto.

Dall'ingresso nell' Unione Europea ha comunque subito un calo maggiore del 20% grazie alla pressione fiscale, ai vincoli di bilancio, alle folli politiche di austerity ma, soprattutto, a causa degli interessi sul debito che continuiamo a pagare senza che diminuisca. È anzi in continuo aumento!

L'ammontare dei depositi su conti correnti è di circa 1260 miliardi, i restanti sono investiti in azioni, obbligazioni, fondi comuni e riserve assicurative. Lo stato, attraverso l'emissione di una nuova moneta nazionale, con cambio alla pari, potrebbe convertire nella nuova valuta tutti i contanti in circolazione. Si considerano come contante sia i soldi disponibili nei conti correnti che i depositi. A questo punto sarebbe sufficiente raccogliere tutti gli euro cambiati presso il tesoro, ritrovandosi magicamente un ammontare di euro sufficienti per ripagare il debito pubblico.

L'euro non andrebbe fuori corso rimanendo una moneta valida e, grazie alla conversione, il nostro stato si ritroverebbe nella condizione di ripagare questo fantomatico debito restituendo ai banchieri di Bruxelles la loro "cartastraccia" e ritrovandoci quasi tremila miliardi di euro da utilizzare come meglio crediamo! Avete capito bene? Ripagheremmo il debito pubblico senza prelevare nulla dalle tasche degli italiani, grazie al nostro risparmio privato! Fine dei sacrifici e della dittatura del debito! Con l'emissione di una nostra moneta pubblica sovrana, saremmo in grado di mettere in scacco la banca centrale con una semplice mossa, ripagando i nostri truffatori con la loro "stessa moneta ".

Adesso i soliti europeisti convinti si appelleranno alla svalutazione e all'inflazione. Innanzitutto, non sono la stessa cosa. Mettendo in circolazione l'esatta quantità di moneta che già possediamo non vi sarebbero scuse per svalutarla o per causare inflazione, soprattutto perché utilizzeremmo come sottostante (riprova del valore) i conti correnti.

Quando c'è stato il passaggio dalla lira all'euro, il tutto è avvenuto attraverso una negoziazione (sempre truffaldina) che aveva volontariamente svalutato la Lira (grazie alla complicità dei nostri politici), per favorire i piani di dominio europei.

Questa volta, non essendovi alcun interlocutore, possiamo decidere unilateralmente di fissare il cambio alla pari senza alcuna svalutazione.

Utilizzando i modelli keynesiani lo stato, di fatto, si ricomprerebbe il proprio debito pubblico. **Non servirebbero leggi speciali** ma semplicemente attuare il medesimo processo legislativo che avevamo utilizzato per il passaggio dalla Lira all'Euro. Chiaramente solo un governo vero, guidato da uno statista con a cuore la propria gente e attorniato da politici sani, oserebbe un tale affronto ai padroni e nessun membro del governo attuale oserebbe farlo. Dovrà essere la gente ricordarsi del proprio status di Popolo Sovrano e chiederlo a gran voce.

L'elezione del movimento 5 stelle, nato come contenitore del dissenso, motivo per cui ha rinnegato, una volta eletto, ogni suo singolo principio, aveva dimostrato e dato un'indicazione importante di quanto la gente fosse stanca. Ovviamente l'ennesimo tradimento politico ha portato ad un astensionismo importantissimo nelle ultime elezioni che, come al solito non hanno cambiato nulla.

C'è vita al di fuori dall'euro, c'è futuro e ci sarebbe la vera occasione di far rinascere il nostro Paese, così come tutte le altre nazioni anche all'interno dei sistemi economici tradizionali, "unici" e "veritieri" che ci vengono propinati. Bisogna però riprendersi la sovranità monetaria!

Capitolo 6- La vera economia umanistica

L'economia si basa su assiomi e teoremi che, come abbiamo già spiegato, dovrebbero essere contestabili per natura. Invece, sembra che sia una legge divina che viene imposta come un dogma. È ovvio che sia così perché il sistema attualmente in vigore funziona perfettamente, è stato volutamente studiato e creato per generare crisi, controllare governi e schiavizzare le persone con della carta! Ergo bisogna educare le persone all'adattamento al sistema stesso e lo fanno partendo dagli atenei universitari.

I banchieri si sono appropriati del diritto di stampare moneta da prestare attraverso la banca centrale. L'unica cosa realmente posseduta da questi tipografi è la carta che utilizzano per stampare. Si sono auto concessi ed indebitamente appropriati anche del diritto di dare un valore nominale (quello della banconota) a fronte di costi di stampa infinitesimali, addirittura pari a zero nel caso di moneta elettronica.

Per risolvere i problemi nel mondo bisogna che la moneta torni di proprietà del popolo e che venga emessa a credito.

Nel corso della spiegazione del processo di creazione della **moneta** ho specificato come questa **sia fiduciaria, ovvero viene semplicemente riconosciuta come tale per convenzione sociale ed utilizzata per favorire gli scambi, in quanto siamo noi a darle valore!**

A questo punto sorge spontaneo ricordarvi la più semplice delle lezioni:

non è il denaro ad avere valore, siamo noi a conferire valore al denaro!

non è il denaro ad avere valore, siamo noi a conferire valore al denaro!

non è il denaro ad avere valore, siamo noi a conferire valore al denaro!

Avete capito?

Siamo noi a conferire valore al denaro, in quanto riconosciuto da tutti come mezzo di scambio!

Senza il nostro consenso sarebbe carta straccia, senza alcun potere divino e schiavizzante. Senza la nostra "approvazione" varrebbero zero.

Dato che è la popolazione a conferirne valore e potere si rende necessario rivedere completamente i modelli economici keynesiani.

La moneta oltre ad essere fiduciaria può essere stampata solo per essere "prestata". Se non prestassero non potrebbero stampare, ergo non guadagnerebbero. Questo è il trucco, signori miei. Creare un debito fasullo ed immorale. Stampare per prestare, guadagnando senza far nulla, rendendo impossibile ripagare il debito.

La moneta dovrebbe essere di proprietà del popolo e non soggetta a signoraggio, nemmeno dello stato, come avviene nei sistemi odierni e nei paesi a banca pubblica sovrana. La conoscenza e la consapevolezza passano attraverso una presa di coscienza possibile solo ponendosi domande in continuazione. Lo dicevo sempre anche ai miei studenti. Ponetevi domande per comprendere ed eventualmente migliorare il mondo!

Domandatevi perché uno stato sovrano dovrebbe pagare interessi ad una banca centrale che presta soldi che non ha?! Al massimo si dovrebbero pagare interessi su capitali esistenti, effettivamente prestati. Se oggi noi avessimo bisogno di 1000 euro e chiedessimo ad amici o parenti di prestarceli, dovrebbero averli per poterceli dare. Le istituzioni moderne invece, prestano senza possedere.

Inoltre, perché la moneta deve per forza generare un debito una volta emessa? Perché il sistema è fatto così ed è quello che ci insegnano. Molti economisti risponderanno che una libera stampa della moneta genera svalutazione della stessa. Dimenticano però che siamo sempre noi a dargli valore!

La banca centrale dovrebbe tornare ad essere pubblica, stampare moneta a credito secondo il fabbisogno nazionale, senza generare alcun debito. Infatti, se cambiassimo il sistema di emissione del denaro facendolo diventare di proprietà popolare, si potrebbe decidere ogni anno quanto stampare.

Come direte voi? Molto semplice:

1)Si dovrebbe stabilire un salario adeguato a ogni singola professione;

2)Istituire dei prezzi standard e "bloccati" per i beni primari come cibo, acqua, energia e gas;

3)Prevedere la spesa pubblica necessaria per la sanità, mezzi di trasporto, autostrade, manutenzioni, evoluzione delle infrastrutture e, in generale, qualsiasi forma d'investimento utile alla nazione, unita a dei fondi destinati alle nuove imprese ed imprenditori. Ricordate che questi generano lavoro ed occupazione, oggi sottopagata perché hanno reso impossibile fare impresa attraverso una pressione fiscale sempre più stringente. Incazzatevi quindi con lo stato che sta cercando in ogni modo di soffocarci e non con gli imprenditori!

4) Sanità, ricerca scientifica, farmaceutiche e tutto ciò che riguarda i servizi per la comunità, dovrebbero tornare ad essere pubbliche, accessibili a tutti per qualsiasi necessità, evitando così qualsiasi conflitto d'interessi (l'esatto opposto di quello che avviene oggi), dandoci l'opportunità di tornare a credere finalmente nella scienza.

All'interno di un sistema in grado di garantire la copertura finanziaria dei costi per i beni ed i servizi offerti alla comunità non ci potrebbero essere crisi o speculazioni. Tutti collaborerebbero per il benessere comune. La disoccupazione andrebbe quasi a zero, non si pagherebbero tasse! La stampa della moneta e del suo valore nominale sarebbe universalmente conferita e riconosciuta dalla gente e non potrebbe generare inflazione o svalutazione! Sarebbe un sistema equo dove anche il meno qualificato guadagnerebbe il necessario per arrivare a fine mese avendo accesso a tutti i servizi primari come la sanità, mentre i professionisti qualificati avrebbero il giusto riconoscimento in base al proprio ruolo. L'economia sarebbe in continua crescita.

L'umanità evolverebbe e vivrebbe un progresso continuo e si svilupperebbero anche i paesi poveri. In questo caso una moneta unica mondiale e pubblica di proprietà dei cittadini permetterebbe di progredire all'essere umano e alla società stessa. In pratica sarebbe una globalizzazione sana al contrario di quella che ci viene venduta!

Avete compreso ora che tutti i problemi del mondo sono causati dal potere di stampa della moneta? L'establishment controlla tutto poiché controlla il denaro. Crea crisi, povertà, migranti costretti a scappare da paesi ridotti alla fame guadagnando su di essi con le ONG. L'africa è volutamente ridotta alla fame e chiedono ai cittadini già martoriati da un'economia deficitaria di aiutare e donare, quando potrebbero farlo le banche centrali o gli stati.

Molti penseranno che un sistema economico basato su moneta a credito e di proprietà del popolo sia utopico ed irrealizzabile. Siete sicuri che il 99% del mondo, una volta consapevole dell'inganno dentro al quale si trova non possa sconfiggere l'1% dei potenti?

Noi abbiamo il potere di "disconoscere" il loro denaro, di creare una moneta alternativa di emessa a credito universalmente riconosciuta, riducendo a zero il potere che attualmente hanno. Come potrebbero corrompere ancora i politici, pagare gli eserciti o produrre qualcosa con la loro cartastraccia non riconosciuta? **Dovrebbe essere il popolo ad attuare il grande reset dell'élite!**

Capitolo 7 – Futuro totalitarista senza libertà.

Euro e C.B.D.C potrebbero cambiare la nostra vita radicalmente, ponendo fine ad ogni forma di libertà. C.D.B.C. è l'acronimo di Central Bank Digital Currency, ovvero valuta digitale della Banca Centrale. Per semplificare il concetto esse sono simili alle criptovalute ma con una differenza fondamentale: sono centralizzate e controllate dalla Banca Centrale che, tradotto, significa che ne possiedono il controllo e l'emissione.

Possiamo leggere sul sito dell'Atlantic Council che sono già undici le nazioni che le hanno adottate e che sono in fase di ricerca e sviluppo in Europa, Stati Uniti e Australia. In pratica sono un progetto globale da cui non ci sarà scampo.

Tra i paesi in cui sono già operative spicca ovviamente la Cina con lo Yuan digitale o la Nigeria che ha lanciato le Naira dove stanno cercando di forzarne l'utilizzo visto che viene utilizzata solo dallo 0,5% della popolazione e, di conseguenza, il governo ha fortemente limitato i prelievi bancomat tassando le transazioni tradizionali per imporne l'uso.

Vi rendete conto che i governi non ci permettono di usare i nostri soldi, di prelevarli con limitazioni e di utilizzarli come meglio crediamo?

È palese che se le banche centrali e i politici di tutto il mondo spingono verso questa soluzione ci saranno sicuramente dei vantaggi e non è difficile immaginare quali leve utilizzeranno i media per tessere le lodi all'Euro digitale, indorando la pillola per venderlo al grande pubblico.

Alcuni studi sostengono che l'utilizzo inizialmente sarà obbligatorio per i rapporti con le pubbliche amministrazioni come oggi serve lo SPID in futuro magari servirà anche l'euro digitale.

Le persone potrebbero essere indotte all'utilizzo attraverso degli incentivi come l’azzeramento delle commissioni dei pagamenti elettronici (gestiti comunque dalle banche centrali) in modo da farne salire l'adozione ed abituare l’ignara popolazione.

In un tempo stimato di cinque anni tutti avranno il Wallet di Stato per poi smettere di usare i contanti o altre forme di pagamento.

La caratteristica principale davvero importante delle C.B.D.C è che questa rivoluzionerà completamente il concetto stesso di denaro, introducendo il concetto di moneta programmabile, motivo per cui non sono semplicemente qualcosa di analogo ai pagamenti elettronici a cui siamo già abituati.

L’uso del denaro potrebbe essere programmato in modo da essere vincolato a determinate condizioni, magari solo su determinati prodotti e, volendo, solo se si soddisfino determinate condizioni legate al credito sociale, altro strumento che stanno già utilizzando in Cina, paese non proprio esempio di democrazia.

Potrebbero essere programmate a scadenza in modo da impedire il risparmio, oppure essere utilizzate come uno strumento di politica monetaria utile per “sostenere” l'economia durante Recensioni o emergenze, decidendo dei nostri soldi a loro piacimento. La teoria economica del denaro a scadenza sarebbe per la prima volta davvero realizzabile.

Mai nessuno ha avuto un simile potere capillare di controllo totale e la possibilità di stimolare i consumi a causa della scadenza del denaro stesso.

Il credito sociale invece è un sistema di controllo comportamentale e sociale di ogni singolo cittadino che, verrà “premiato” o “punito” sulla base della condotta personale. In Cina questo sistema è in fase di test ed utilizzato in più di 40 città. Il suo utilizzo consiste nell’ assegnare dei punti ad ogni singolo cittadino.

Col controllo facciale e telecamere piazzate ovunque sono in grado di conoscere tutti i movimenti ed i comportamenti di ogni singolo individuo a cui vengono assegnati mille punti di credito "come partenza".

Il "grande fratello" cinese è in grado di controllare ogni singolo cittadino! Ecco spiegato perché i media iniziarono vent'anni or sono a trasmettere certi programmi.

Partendo dai punti base standard, se un cittadino compirà una buona azione, come denunciare un ladro alla polizia oppure aiutare una vecchietta ad attraversare la strada, allora gli verranno concessi dei punti extra. Qualora commetta un'infrazione come passare col rosso, verranno tolti dei punti.

Il problema di questo sistema è che una volta giunti a zero, terminerà la vita sociale dell'individuo. Gli verranno bloccati i conti correnti, non sarà più possibile utilizzare servizi primari come poter prenotare un volo aereo e sarà resa impossibile qualsiasi forma di dissenso.

Si diventa dei reietti, si viene totalmente annullati. Pensate che le foto di coloro che hanno esaurito il credito vengono anche mostrare sui tabelloni commerciali della metro o per strada, al loro telefono viene messa in automatico la suoneria della sirena della polizia, in modo che tutti li riconoscano e li discriminino ulteriormente.

In un futuro prossimo in cui si sono pure inventati le quote personali di CO2, se un individuo avesse un credito sociale carbonico troppo alto potrebbero impedirgli di comprare determinati prodotti, con la scusa di educare la popolazione a fare acquisti più sostenibili e, col fine, di indirizzarne i consumi. Già oggi l'app della vostra banca mostra la CO2 di ogni transazione e questo è più di un campanello d’allarme.

Durante il world economic forum di Davos del gennaio 2023 la presidente della commissione europea ha annunciato a gran voce il nuovo piano per il green deal, un fondo il cui fine sarà portare a zero le emissioni di anidride carbonica.

Per decenni ci hanno impaurito con il buco dell'ozono del quale nessuno parla più e non si capisce che fine abbia fatto. La nuova "scusa" per impaurire la gente prevedendo un futuro apocalittico e catastrofico se non verranno presi provvedimenti in fretta, è ora quella dell'inquinamento globale di cui il green deal sarà l'unica soluzione per la salvezza. La realtà è che stanno preparando l'ennesima mangiatoia lobbistica, dove finiranno i soldi versati dagli stati e, quindi dai contribuenti, per obbligare gli aderenti a nuove politiche "green", dove di verde c'è solo il vomito stimolato dalle menzogne che ci propinano.

Ad ottobre 2022 i ministri dell'Energia dell'Unione europea hanno raggiunto un accordo sulla revisione della direttiva sulle caratteristiche energetiche degli edifici, che prevede l'obbligo di "zero emissioni" su tutti gli immobili residenziali di nuova costruzione già dal 2030, assieme a un percorso per raggiungere sempre questa soglia su tutte le case per il 2050.

Per gli immobili residenziali l'accordo tra i ministri Ue prevede delle "tappe di controllo" su un percorso di adeguamento allo standard di zero emissioni che andrà avanti dal 2025 fino al 2050. Dal 2033 diventerà obbligatoria una classe energetica "D" per tutti gli edifici. Dal 2040 sarà obbligatoria una classe che verrà determinata a livello nazionale con un graduale percorso di miglioramento fino al 2050. È prevista inoltre una riforma delle classi energetiche che sarà penalizzante nei confronti di quelle esistenti.

La normativa stabilisce l'impossibilità di effettuare compravendite di locali o immobili non dotati della classe minima energetica richiesta e comporterà un'ingente spesa per le famiglie per la messa a norma degli edifici, il tutto in un momento storico in cui le banche hanno reso sempre più difficile l'accesso al credito.

Non solo vogliono creare una moneta schiavizzante a tempo impedendo, di fatto, il risparmio ma stanno anche attaccando il nostro patrimonio immobiliare che rappresenta oltre il 50% del nostro risparmio privato.

Ci stanno abituando a crisi energetiche, ci educano a consumare meno, a patire il freddo d'inverno per le loro guerre, a mangiare insetti, quando loro a Davos mangiano bistecche e se la ridono annunciando il green deal!

Ci si prospetta un futuro buio che nemmeno il migliore dei registi cinematografici avrebbe potuto inscenare, nonostante il cinema sia nato per preparare l'immaginario collettivo delle masse.

Avete mai fatto caso di come tutti i film futuristici o di fantascienza siano sempre catastrofici? Eppure, la realtà che ci si prospetta batte di gran lunga l'immaginario.

Stiamo andando verso una forma di totalitarismo che va fermata prima che sia troppo tardi e, l'unica via per uscire dalla lavatrice con centrifuga infinita in cui ci troviamo, è la presa di coscienza ed il cambiamento dei sistemi in vigore.

Viviamo in un mondo al contrario ma che purtroppo non è contrariato, dove i mercati sono divinità in cui credere e l'essere umano il loro sottomesso fedele, nonché schiavo di sistemi creati da sé stesso. Possiamo ancora salvarci ma c'è bisogno di una reale presa di coscienza del sistema in vigore, ricordandoci che è il Popolo ad essere Sovrano.

Le soluzioni ci sono, sia all'interno dei modelli keynesiani attuali sia attraverso una rivoluzione totale del sistema che favorisca lo sviluppo e non l'involuzione dell'umanità.

Printed by Amazon Italia Logistica S.r.l.
Torrazza Piemonte (TO), Italy

50697439R00060